続 おやさまの情景

道友社編

道友社

はじめに

『稿本天理教教祖伝逸話篇』に、より親しんでいただこうと、それぞれのお話を四コマの絵と文にし、『人間いきいき通信』（天理時報特別号）で不定期に連載していたものを、二〇二一年に『おやさまの情景』と題して刊行いたしました。本書はその続編として、以降の連載を中心に、描き下ろしの二篇を加えた十二篇をまとめたものです。

教祖《おやさま》をお慕いし、導かれるまま素直に通られた先人たちと、教祖とのやりとりを通して、私たちにおかけくださる深い親心を味わい、教祖百四十年祭へ向けて歩みを進めるための励みにしていただければと願います。

編　者

目次

絵／装丁……森本　誠

真心のお供え

――神様への感謝の心を込めて

教祖は、どんな品物よりも
真心をお喜びくださいます。

教祖《おやさま》が、親神様《おやがみさま》の思召《おぼしめし》のままに、
貧しい人々への施しに家財を傾け、
赤貧の道中を通っておられたころのこと。

ある年の暮れ、一人の信者が
立派な重箱にきれいな小餅《こもち》を入れて
持ってきました。
「これを教祖にお上げしてください」
こかん様は、それを受け取ると、
早速、教祖にお見せになりましたが、
「ああ、そうかえ」
と仰せられただけで、
ご満足の様子はありませんでした。

それから二、三日後のこと。
また一人の信者がやって来ました。
「これを、教祖にお上げして
　いただきとうございます」
そう言うと、粗末な風呂敷包みを
差し出しました。
中には、竹の皮に包んだ
ほんの少しばかりの
餡餅《あんもち》が入っていました。

例によって、こかん様が
教祖にお目にかけると、
「直《す》ぐに、親神様にお供えしておくれ」
と、非常に満足そうなご様子で仰せになりました。

あとで分かったことですが、
先の人は裕福な家の人で、
正月の餅をついて余ったので
お屋敷に持ってきたのでした。
後の人は貧しい家の人で、
やっとのことで正月の餅を
つくことができたので、
「これも親神様のおかげだ。
何は措《お》いてもお初を」と、
つきたてのところを
持ってきたのです。

教祖は、二人の心の内を、
ちゃんとお分かりになっていたのでした。

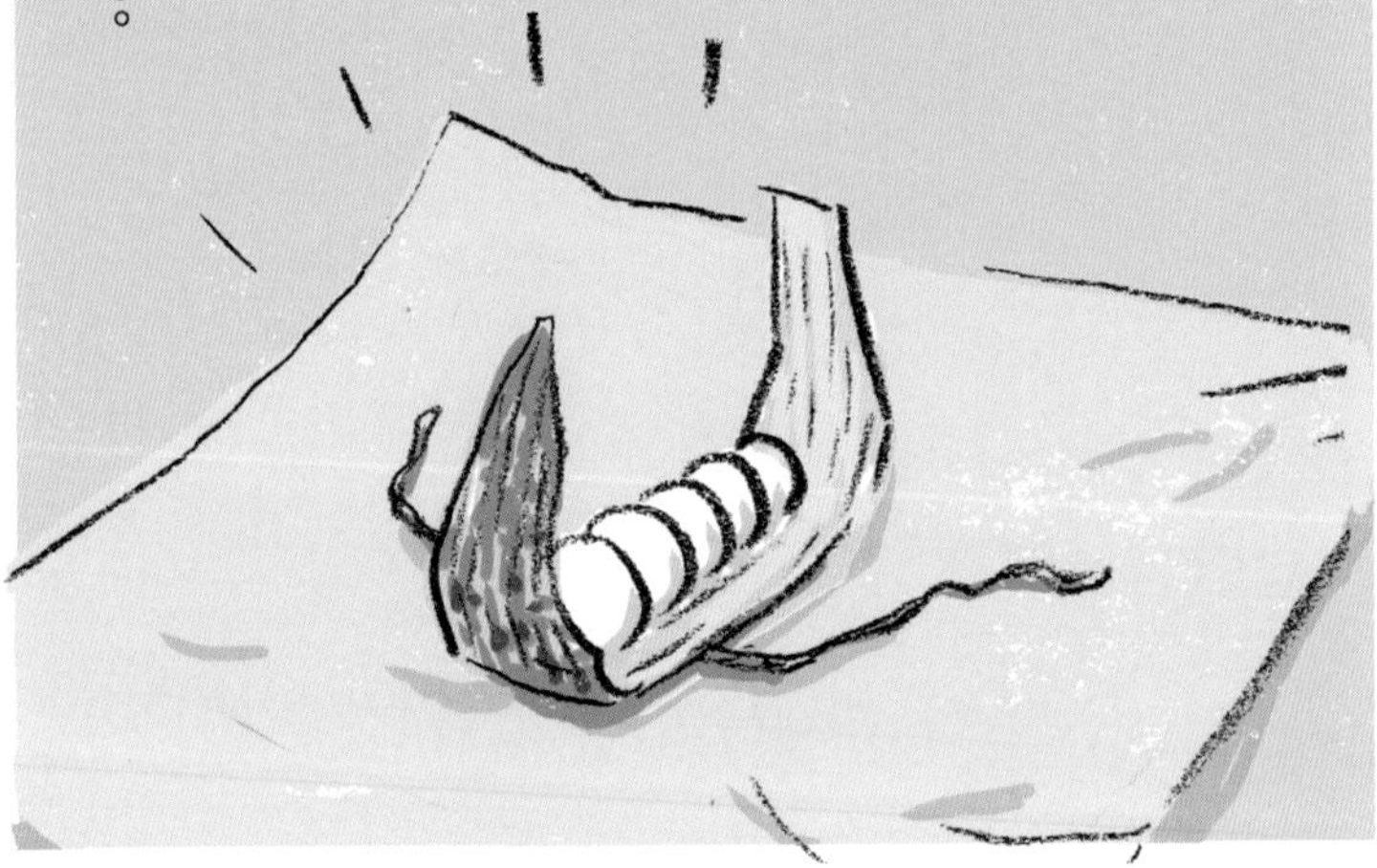

その後、多くの人々が、
教祖に召し上がっていただきたいと、
時々の珍しいものを持って
お詣《まい》りするようになりましたが、
教祖は、その品物よりも、その人の
真心をお喜びくださるのが常でした。
そして中には、高慢な心で
持ってきたようなものがあると、
お側《そば》の人に勧められ、
お召し上がりになっても、
「要《い》らんのに無理に食べた時のように、
一寸《ちょっと》も味がない」
と仰せられたということです。
（七「真心の御供《おそなえ》」から）

七「真心の御供《おそなえ》」

　天保九年（一八三八年）十月、神の啓示《おつげ》を受け、「月日のやしろ」と定まられた教祖は、まず、近隣の貧しい人々に家財を施し、貧に落ちきる道を歩まれました。そして、時には食べるに事欠くなかも、「水を飲めば水の味がする」と子供たちを励ましながら、明るく勇んでお通りになりました。

　信者が初めて四合の米を持ってお礼参りに来たのは安政四年（一八五七年）ごろのことで、その後もなお難渋な道中が続きます。この逸話は、そのころのお話です。

　ある人が、お餅《もち》を供えるとき、「二升にしておけ」「いや三升にしよう」と、家の中で言い争いをしてから、「惜しいけど、上げよう」と言って供えたところ、教祖が箸《はし》を持って召し上がろうとなさると、箸は激しく跳び上がって、どうしても召し上がることができなかった、という逸話もあります（一八〇「惜しみの餅」参照）。

後々は結構なことやで

——突然の災難に対する心の治め方

親神様は、子供である人間を苦しませようとはなさいません。

慶応四年（一八六八年）の梅雨《つゆ》時のこと。
大雨が降り続いて、あちこちで川が氾濫《はんらん》し、
田や家が流される大洪水となりました。

入信して五年になる
山中忠七《やまなかちゅうしち》さんの家でも、
持ち山が崩れて大木が埋没し、
田地が一町歩《ちょうぶ》（三千坪）ほども
土砂に埋《うず》まってしまうという
大きな被害を受けました。
かねて忠七さんの信心を
あざ笑っていた村人たちは、
「あのざまを見よ。阿呆《あほ》な奴《やつ》や」
と、思いきり罵《ののし》りました。

それを聞いた忠七さんは残念に思い、
お屋敷へ帰って教祖《おやさま》に伺うと、
「さあ〳〵、結構や、結構や。
海のドン底まで流れて
届いたから、後《あと》は結構やで。
信心していて何故《なぜ》、田も山も
流れるやろ、と思うやろうが、
たんのうせよ、たんのうせよ。
後々《あとあと》は結構なことやで」
と、お聞かせくださいました。
忠七さんは、
大難を小難にしていただいたことを
心から親神様《おやがみさま》にお礼申し上げました。

（二一「結構や、結構や」から）

人間の親である神様は、
子供を困らせたり、
苦しませたり、
罰を与えたりは
なさいません。

教祖は、忠七さんの心づかいや
行いについてはふれられずに、
ドン底まで届いたのだから
これから先は結構になると、
優しく諭されました。だから忠七さんは、
信心していたにもかかわらず、こんな目に遭《あ》ったのではなく、
信心していたおかげで、これくらいで済んだのだと、
悟ることができたのでしょう。

熱心に信心していても、
病気や事情で悩むことはあります。
それは、親神様が私たちに、
早く陽気ぐらしができる心に
成人してほしいという親心から、
お見せくださっているのです。
「たんのう」とは、与えられた姿に
親心を悟り、成ってきたことを、
これで結構、ありがたいと前向きに
受けとめる心の治め方をいいます。
逆境を、ただ我慢するのでなく、
たんのうの心で踏ん張れば、
必ずや運命は切り替わり
結構な姿をご守護いただけるのです。

二一「結構や、結構や」

　大豆越《まめこし》村（現・桜井《さくらい》市大豆越）の山中忠七《やまなかちゅうしち》さんは文久四年（一八六四年）、妻・そのさんの痔《じ》の病が悪化して危篤《きとく》の状態となったところを、教祖におたすけいただき入信しました。その際に「おまえは、神に深きいんねんあるを以《もっ》て、神が引き寄せたのである程に。病気は案じる事は要《い》らん。直《す》ぐ救《たす》けてやる程に。その代わり、おまえは、神の御用を聞かんならんで」とのお言葉を頂いています（一一「神が引き寄せた」参照）。

　その日から忠七さんはお屋敷に日参し、いつも真っ赤な袋に白米一升を入れて持参することを忘れなかったといいます。

　翌慶応元年には、教祖が山中家にお入り込みになり、忠七さんは「肥のさづけ」を頂戴《ちょうだい》しました（一二「肥のさづけ」参照）。その翌年には、教祖から「永代の物種」という宝物も頂戴しています（一五「この物種は」参照）。

人間はじめ出した屋敷やで

――「ぢば」はすべての人間の故郷

おぢばに帰って親神様におすがりすれば
どんな人でも必ずたすけていただけます。

河内国《かわちのくに》柏原《かしわら》村の山本《やまもと》利《り》三郎《さぶろう》さんは、
二十一歳のとき、村《むら》相撲《ずもう》を取って胸を打ち、
三年間も病の床に伏していました。

命旦夕《めいたんせき》に迫った明治六年夏のこと。
同村に働きに来ていた人を通じて
「大和《やまと》の生き神様」の話を聞き、
父親の利八《りはち》さんが代参して、
教祖《おやさま》からお言葉を頂きました。
「この屋敷は、人間はじめ出した
屋敷やで。生まれ故郷や。
どんな病でも救《たす》からんことはない。
早速に息子を連れておいで……」

これを聞いた利三郎さんは、
「大和の神様へお詣《まい》りしたい」
と言いだしました。
「とても大和へ着くまで持たない」
と、家族の者は止めましたが、
あまりに切望するので、
戸板を用意して密《ひそ》かに門を出ました。
途中、竜田《たつた》川の大橋まで来たとき、
利三郎さんの息が絶えてしまい、
一旦《いったん》は引き返しました。しかし、
家に着くと不思議と息を吹き返し、
「死んでもよいから」と言うので、
水盃《みずさかずき》を交わして、夜遅く、
また戸板をかついで大和へと向かいました。

翌々日の朝、お屋敷にたどり着いた
瀕死《ひんし》の利三郎さんに、教祖は、
「案じる事はない。
この屋敷に生涯伏せ込むなら、
必ず救かるのや」
と仰せくださいました。
教祖の温かい親心により、
利三郎さんは六日目に
おたすけいただき、
一カ月の滞在の後、
柏原村に戻ってきました。
その元気な姿に、村人たちは
大層驚いたということです。

（三三「国の掛け橋」から）

教祖のお住まいになるお屋敷は、
親なる神様が人間を創造された
元の地点、「ぢば」のある場所。
人間の故郷《ふるさと》「ぢば」に帰って
親神様《おやがみさま》におすがりすれば、
必ずたすけていただけると、
教祖はお教えくださいました。
利三郎さんは、
このとき教祖から頂いた
「国の掛け橋、丸太橋」
とのお言葉を胸に、
河内一帯に教えを広めて回りました。
そして、教祖の間近にお仕えし、
生涯お屋敷の御用をつとめました。

三三「国の掛け橋」

山本利三郎《やまもとりさぶろう》さんは、若くして家督を任されるほどのしっかり者の一方で、性格は豪放磊落《ごうほうらいらく》。「やつがね」の四股名《しこな》を持つ、柏原村《かしわら》(現・大阪府柏原市)屈指の相撲《すもう》取りでもありました。しかし、この逸話のころには水も喉《のど》を越さぬという状態で、村人たちは「あの病人が治ったら、煎《い》り豆に花が咲く」と噂《うわさ》し合ったといいます。

瀕死《ひんし》の利三郎さんがお屋敷にたどり着いたとき、教祖は中南《なかみなみ》の門屋の前でニコニコと微笑《ほほえ》みながら立っておられました。そして、利三郎さんにお言葉を下された後、「早く、風呂へお入り」と仰せになり、風呂を出てくると、「これで清々したやろ」と仰せくださいました。利三郎さんは、そんなことのできる容体ではありませんでしたが、少しも苦しまず、かえって苦しみは去り、痛みは遠ざかって、教祖から頂いたお粥《かゆ》を三杯、おいしく頂戴《ちょうだい》したということです。

親孝行に免じて救けて下さるで

――お言葉を頂戴するたびに信心を固め

熱心に人だすけに奔走するうちに、
水の少ない山里に四方から参詣人が…

明治十一年十二月のこと。
笠村《かさ》の山本藤四郎《やまもととうしろう》さんは、
父親の眼病が悪化して
医者の手余りとなり、
加持祈禱《かじきとう》も効果はなく
絶望の淵《ふち》に沈んでいました。

そんなとき、知人から
「庄屋敷《しょやしき》には病たすけの神様がござる」
と聞き、どうでも父の病を
たすけていただきたいとの一心から、
眼病で足元の定まらぬ父親を背負い、
三里《り》（約一二キロ）の山道を歩いて、
初めてお屋敷へ帰りました。

教祖《おやさま》にお目にかかると、
「よう帰って来たなあ。
直《す》ぐに救《たす》けて下さるで。
あんたのなあ、
親孝行に免じて
救けて下さるで」
と、お言葉を頂きました。
庄屋敷村に一カ月余り
滞在して日夜参拝し、
取次《とりつぎ》の人から
お仕込みいただくうちに、
父親のさしもの重症も
日に日に薄紙を剥《は》ぐように
ご守護を頂き、ついに全快しました。

その後、妻の腹痛や、次男の痙攣《けいれん》も
おたすけいただいて、藤四郎さんは
熱心に信心を続けました。
ある年の秋など、
病人のおたすけを
願って参拝したところ、
「笠の山本さん、いつも
変わらずお詣《まい》りなさるなあ。
身上《みじょう》（病気）のところ、
案じることは要《い》らんで」
と、教祖のお言葉を頂き、
帰ってみると、病人はもう
おたすけいただいていた、
ということもありました。

教祖のお側《そば》で仕えていた
鴻田忠三郎《こうだちゅうざぶろう》さんが、藤四郎さんの
信心の堅固《けんご》さに感銘し、
そのことを教祖に申し上げると、
「これより東、笠村の水なき里に、
四方《しほう》より詣り人をつける。直《す》ぐ運べ」
とのお言葉がありました。
こうして藤四郎さんは、一層熱心に
人だすけに奔走するようになりました。
（六二「これより東」から）

のちに、教祖のお言葉通り
山深い笠の地に、遠方から険路を越えて
大勢の信者が寄り集まるようになっていきました。

六二「これより東」

父親の眼病をおたすけいただいたご恩報じにと、熱心に人だすけをしていた笠《かさ》村（現・桜井《さくらい》市笠）の山本藤四郎《やまもととうしろう》さんは、この逸話にもあるように、教祖にたびたびお言葉をかけていただき、お育ていただくなかで、陰徳を積むことに徹するようになります。

晩年には、こんなエピソードがあります。ある青年と、人目を避けて夜更けに、おぢば周辺の道を補修していたときのこと。ハッピを裏返しに着て作業する藤四郎さんを不思議に思った青年が、そのことを尋ねると、「今夜はええお月さんやろ。これだけ明るかったら誰かに見られるか分からん。もし見られてもハッピを裏にして着ておくと、どこの誰とも分からんやろ」と話したそうです。

藤四郎さんは、こうして人目につかないところで誠真実を尽くし、生涯かけて「陰徳を積む道」を歩んだのです。

身体を苦しめて通るのやないで

――神様からの「かりもの」を大切に

人をたすけるのは親神様であり、
そのお働きによってご守護を頂けるのです。

大阪の泉田藤吉《いずみたとうきち》（通称・熊吉《くまきち》）さんは、
命をたすけられたご恩返しにと、
病む人のおたすけに回っていました。
しかし、いくら熱心に通っても
なかなかご守護を頂けないことから、
自分を用無き存在と思い詰めていました。

ある日、おぢばが恋しくなって
お屋敷へ帰らせていただくと、教祖《おやさま》は、
膝《ひざ》の上で小さな皺紙《しわがみ》を伸ばしておられ、
「こんな皺紙でも、やんわり伸ばしたら、
綺麗《きれい》になって、又《また》使えるのや。
何一つ要《い》らんというものはない」
とお諭しくださいました。

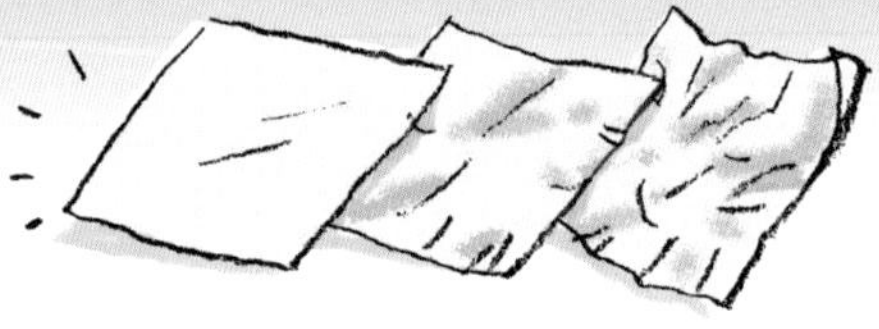

このお言葉を聞いた藤吉さんは、
喜び勇んで大阪へ戻り、一層熱心に
おたすけに回るようになりました。
心が倒れかかると水ごりを取り、
我《われ》とわが心を励ましました。
厳寒の深夜、二時間ほども川に浸《つ》かり、
そのあと乾くまで
北風に身体《からだ》をさらす。
これを三十日ほど続けました。
また、ご守護を頂くためには、
なんでも苦しまねばならん、
と聞いていたので、橋杭《はしぐい》につかまって、
一晩、川の水に浸かってから、
おたすけに回ることもありました。

そんな、命懸けの
おたすけをしていたある日。
おぢばに帰って教祖に
お目にかかると、
教祖は、
「熊吉さん、この道は、
　身体を苦しめて
　通るのやないで」
と仰せられました。
この親心あふれるお言葉に、
藤吉さんは、
かりものの身体の尊さを
身に染みて納得したのでした。

（六四「やんわり伸ばしたら」から）

私たちの身体は、人間の親なる神様からの
「かりもの」と教えられます。
そして、心だけが自分のものであり、
その心通りに、親神様《おやがみさま》は、身の周りの
一切をご守護くださいます。
わが身はどうなっても
人にたすかってもらいたいという
心は尊いものです。しかし、
人をたすけるのは自分ではなく、
親神様のお働きによって、ご守護
いただけるということを、教祖は、
あらためてお教えくださったのでしょう。
その後、藤吉さんは生涯を人だすけに捧《ささ》げ、
多くの人を救い、信仰へと導いたのです。

六四「やんわり伸ばしたら」

泉田藤吉《いずみたとうきち》さんは明治十年、胃がんを患いました。それでも好きな酒がやめられず、もうたすからないという状態になったとき、「かしもの・かりものの理」の教えを聞かされました。身体《からだ》は神様からの「かりもの」であり、心だけが自分のものであるという教えに深く感銘して、酒をやめる決心をしたところ、一週間ほどで鮮やかなご守護を頂きました。

この逸話から数年後のある日、藤吉さんは十三峠《じゅうさんとうげ》で、三人の追剥《おいはぎ》に出遭《であ》いました。そのとき頭にひらめいたのが「かしもの・かりものの理」でした。そこで、言われるままに羽織も着物も脱いで、その上に財布まで載《の》せ、大地に正座して「どうぞ、お持ち帰りください」と言って頭を下げたところ、追剥は、あまりの素直さに薄気味悪くなって、何も取らずに行ってしまったということです（一一四「よう苦労して来た」参照）。

あの雨の中を、よう来なさった

――不思議なたすけと教祖の親心

教祖はすべてを見抜き見通しで子供の帰りをお待ちくださっています。

明治十二年のこと。
大阪で萬《よろず》綿商を営む井《い》筒《づつ》梅《うめ》治《じ》郎《ろう》さんは、
生後間もない娘の下半身一面に
イボ状の腫《は》れ物ができ、
そのイボが膿《う》んではつぶれる
という状態になったのを、
隣人から紹介された
布教師にたすけられました。
それ以来、梅治郎さんは
熱心に信仰するようになり、
その年の秋、隣人が眼病で
失明寸前になったときには、
早速おたすけにかかって、
鮮やかなご守護を頂きました。

翌十三年の春、梅治郎さん夫婦は、
教祖《おやさま》にお礼を申し上げたいと思い、
娘のたねさんを連れて
初めてお屋敷へ
帰らせていただきました。
大阪を出発したときは
大雨が降っていましたが、
お昼ごろにはカラリと晴れ、
途中一泊して、到着したのは
午後四時ごろでした。
教祖は、
「あの雨の中を、よう来なさった」
と仰せられ、たねさんの
頭を撫《な》でてくださいました。

さらに教祖は、
「おまえさん方は、
大阪から来なさったか。
珍しい神様のお引き寄せで、
大阪へ大木の根を
下ろして下されるのや。
子供の身上《みじょう》(病気)は
案じることはない」
と仰せになって、たねさんの体の
治りきっていないところに
お紙を貼《は》ってくださいました。
たねさんは、間もなく
全快のご守護を頂きました。

(七一「あの雨の中を」から)

教祖はすべて見抜き見通しであらせられると、
梅治郎さんは、
おかけくださる親心に感激して、
信仰の炎を燃え上がらせました。
大阪に戻ると、教祖の教えを
一人でも多くの人に伝えようと
人だすけに奔走しました。
やがて、遠近から大勢の人が
たすけを願いに来るようになり、
翌十四年には講社の結成を願い出て、
教祖から「真明組《しんめいぐみ》」の
講名を拝戴《はいたい》しました。
そして教祖のお言葉通り、ここから
この教えを全国に広めていったのです。

七一「あの雨の中を」

明治十四年に井筒梅治郎《いづつうめじろう》さんが教祖から「真明組《しんめいぐみ》」の講名を拝戴《はいたい》したとき、次のようなエピソードがありました。

梅治郎さんはお屋敷への道中で、同じく講名拝戴のためお屋敷へ帰る梅谷四郎兵衛《うめたにしろべえ》さんと一緒になりました。梅治郎さんは「明真組《めいしん》」、四郎兵衛さんは「明心組《めいしん》」と、同じ読み方の講名を願い出ましたが、お屋敷の小門をくぐるときに、大柄な梅治郎さんが小柄な四郎兵衛さんに先を譲ったことから、梅治郎さんは「明」と「真」をひっくり返して「真明組」の講名を頂くこととなったのです。宿へ戻った梅治郎さんは、皆を集めて「この道は一歩も遅れてはならん。入信の後先の問題ではない。おぢばへの運びの後先の問題である」と、切々と諭したといいます。

こうして梅治郎さんは、いつも教祖をお慕いし、お屋敷を思って、おぢばに真実を尽くしたのでした。

しっかりおたすけするように

——神様へのご恩返しの方法は

たすけていただいた喜びで
人をたすけに行くこと。

村上幸三郎《むらかみこうざぶろう》さんは明治十三年、
四十一歳の年の四月ごろから
坐骨神経痛《ざこつしんけいつう》で手足の自由を失い、
激しい痛みのため、
食事も進まない状態となりました。
医者にもかかり、治療の限りを
尽くしても効果はありません。

そんなとき、
ある人から竜田《たつた》の近くに
お灸《きゅう》の名医がいると聞き、
行ってみましたが不在でした。

しかしこのとき、平素、奉公人や
出入りの商人から聞いていた
庄屋敷《しょやしき》の生き神様のことを思い出しました。

庄屋敷村のお屋敷では、教祖《おやさま》に親しく
お目にかかることができました。
教祖は、幸三郎さんに
「救《たす》かるで、救かるで。
　救かる身やもの」
とお声をかけてくださり、
いろいろと珍しいお話を
聞かせてくださいました。

そして帰り際には、
紙の上に載せた饅頭《まんじゅう》三つと、
お水を下さいました。
幸三郎さんは、身も心も洗われたような
清々《すがすが》しい気持ちになって帰途に就《つ》きました。

家に着くと、遠距離を人力車に
乗ってきたのに少しも疲れを感じず、
むしろ快適な心地でした。
そして、教祖から頂いたお水を
「なむてんりわうのみこと
なむてんりわ《お》うのみこと」
と唱えながら腰につけていると、
三日目には、痛みは夢のように
取れてしまいました。
それから半年の間、
おぢばへ帰るたびに
病気は回復へと向かい、
翌十四年の正月には、
すっかり治って本復の祝いを行いました。

幸三郎さんは早速おぢばへ帰り、
教祖にご恩返しの方法を伺いました。
すると教祖は、
「金や物でないで。
救けてもらい嬉《うれ》しいと思うなら、
その喜びで、救けてほしいと
願う人を救けに行く事が、
一番の御恩返しやから、
しっかりおたすけするように」
と仰せられました。
幸三郎さんは、このお言葉通り、
人だすけの道へ邁進《まいしん》することを
堅く誓ったのでした。

（七二「救かる身やもの」から）

七二「救かる身やもの」

和泉国《いずみのくに》(現・大阪府南部)の村上《むらかみ》幸三郎《こうざぶろう》さんは、この逸話の後、教祖から頂いたお言葉を胸に、人だすけに明け暮れました。田畑の仕事は作男にまかせきりで、煙草畑《たばこ》のことが気にかかっていましたが、おたすけに専念するあまり、見に行く暇もありませんでした。

そんなころのこと。お屋敷へ帰らせていただいた幸三郎さんに、教祖は「幻を見せてやろう」と仰せになり、お召しになっている赤衣《き》の袖《そで》の内側が見えるようになさいました。幸三郎さんが袖の内側をのぞくと、そこには、わが家の畑に、煙草の葉が生き生きと茂っている姿が見えました。村へ戻り、早速、煙草畑へ行ってみると、教祖の袖の内側で見たのと全く同じように、煙草の葉は生き生きと茂っていました。それを見た幸三郎さんは、安堵《あんど》の思いと感謝の喜びに、思わずひれ伏したのでした(九七「煙草畑」参照)。

郵便はがき

料金受取人払郵便

天理局
承認
70

6328790

差出有効期間
令和７年１月
31日まで

日本郵便天理郵便局 私書箱30号
天理教道友社

「続 おやさまの情景」
係行

※書ける範囲で結構です。

お名前	(男・女) 歳
ご住所（〒 - ）電話	
ご職業	関心のある出版分野は

天理教信者の方は、次の中から該当する立場に○をつけてください。
• 教会長 • 教会長夫人 • 布教所長 • 教会役員
• 教人 • よふぼく • その他（ ）

ご購読ありがとうございました。今後の参考にさせていただきますので、下の項目についてご意見・ご感想をお聞かせください。
※なお、匿名で広告等に掲載させていただく場合がございます。

この本の出版を何でお知りになりましたか。

1．『天理時報』『みちのとも』を見て
2．インターネットを見て
3．人にすすめられて
4．書店の店頭で見て（書店名　　　　　　　　　　）
5．その他（　　　　　　　　　　　　　　　　　　）

本書についてのご感想をお聞かせください。

道友社の出版物について、または今後刊行を希望される出版物について、ご意見がありましたらお書きください。

ご協力ありがとうございました。

人を救けるのやで

——たすけられた喜びから人だすけへ

自分がたすかったことを人に真剣に話すことが人だすけ。

明治十五年三月ごろのこと。
胸を病んで医者から不治と
宣告された小西定吉《こにしさだきち》さんは、
病身を押して、夫婦揃《そろ》って
お屋敷へ参らせていただきました。
妻のイヱさんは、そのころ
二人目の子を妊娠中でした。
イヱさんは、をびや許しという
安産のお許しを頂き、
定吉さんは教祖《おやさま》から、
「心配要《い》らんで。どんな病も皆
　御守護頂けるのやで。
　欲を離れなさいよ」
とのお言葉を頂きました。

定吉さんは、家に戻ると早速、
手元にある限りの現金をまとめて
イヱさんに渡しました。そして、
自分は離れの一室に閉じこもって、
紙に「天《てん》理《り》王尊《おうのみこと》」と書いて床の間に張り、
「なむてんりわうのみこと
　なむてんりわ《お》うのみこと」
と一心に神名を唱えてお願いしました。
すると不思議にも、
日ならずして顔色も良くなり、
咳《せき》も止まり、病をすっかり
おたすけいただきました。
そしてイヱさんも、楽々と
男児を安産することができました。

早速お屋敷へ、お礼参りに
帰らせていただくと、教祖は、
「心一条《ひとすじ》に成ったので、救《たす》かったのや」
と仰せられ、大層喜んでくださいました。
定吉さんが「このご恩は、どうして
返させていただけましょうか」
と伺うと、教祖は、
「人を救けるのやで」
と仰せられました。
さらに「どうしたら、人さんが
救かりますか」とお尋ねすると、
「あんたの救かったことを、
人さんに真剣に話《はなし》さして頂くのやで」
と仰せられました。

教祖は定吉さんに
*コバシを二、三合下され、
「これは、御供《ごく》やから、
　これを、供えたお水で
　人に飲ますのや」
と仰せられました。
定吉さんが
喜んで家へ戻ってみると、
あちらもこちらも病人だらけです。
そこで、教祖にお教えいただいた通り、
御供を持っておたすけに行くと、
次から次へと皆たすかって、
信心する人が増えていきました。

（一〇〇「人を救けるのやで」から）

*コバシ……はったい粉（大麦を煎《い》って挽《ひ》いた粉）のこと。

一〇〇「人を救けるのやで」

教祖から直々におたすけいただいた小西定吉《こにしさだきち》さんは、病人のおたすけにかかるたびに神戸村《かんべ》（現・宇陀市大宇陀《うだ　おおうだ》）からおぢばへと、足繁《しげ》く帰参していました。

明治十六年旧六月二十六日、定吉さんはお屋敷参拝の帰り道、三味田《さんまいでん》近辺で和服姿の男の尋問を受けました。「庄屋敷《しょやしき》村に用事があった」と弁明しましたが、懐中から洗米の御供《ごく》が見つかり、丹波市《たんばいち》分署に連行され、教祖にも御苦労をおかけすることとなりました。

定吉さんは厳しい取り調べを受け、「もう参りません」と詫《わ》び書を取られて帰されましたが、翌日、監獄へ入る覚悟で再び参拝しました。するとお屋敷では、少しも咎《とが》められないばかりか、餅《もち》の御供を三個ばかり下さり、「これを細《こま》こう切って病気の人に上げてくだされ」と言われました。定吉さんは感涙にむせび、生涯、不退転の人だすけを心に誓ったのでした。

夫婦円満の秘訣は「言葉一つ」

——心を結び合う言葉で陽気ぐらしの世を

家庭の内でも外でもいい人というのは、
そう多くはいないのではないでしょうか。

教祖《おやさま》が、桝《ます》井《い》伊《い》三郎《さぶろう》さんにお聞かせくだされたお話に、

「内で良くて外で悪い人もあり、
内で悪く外で良い人もあるが、
腹を立てる、気《き》儘《まま》癇癪《かんしゃく》は悪い。
言葉一つが肝心。吐《つ》く息引く息
一つの加減で内々治まる」

と。また、

「あんたは、外ではなかなかやさしい
人付き合いの良い人であるが、
我《わ》が家にかえって、女房《にょうぼう》の顔を見て
ガミガミ腹を立てて叱《しか》ることは、
これは一番いかんことやで。
それだけは、今後決してせんように」

と仰せになりました。

伊三郎さんは、
女房が告げ口したのかと思いましたが、

「いやいや神様は見抜き見通しであらせられる」

と思い返し、

「今後は一切腹を立てません」

と心を定めました。

すると不思議にも、
家へ帰って
女房に何を言われても、
少しも腹が立たないように
なりました。

（一三七「言葉一つ」から）

家庭の中は、いくら遠慮なしといっても、
決して使ってはいけない言葉があります。
切り口上や捨てぜりふ、投げやりな言葉など、
使ったことはありませんか？
言葉とは、家庭にまく肥《こ》やしだと聞いたことがあります。
感謝の言葉、思いやりの言葉、いたわりの言葉などは、
相手の心を育てる肥やしになるでしょう。

夫婦は、生まれも育ちも、
趣味も性格も異なる男女が、
神様の深い思惑で結ばれた間柄。
それぞれの特性を生かし、
相手を受け入れ、
お互い補い合い、たすけ合うところに、
家庭に陽気ぐらしの芽が育つと、
天理教では教えられます。

夫婦の心を結び、家庭を明るくし、
社会をつなぐ言葉。
陽気ぐらしのために、神様から与えられた
この言葉を大切に使い、夫婦円満、
家族団欒《だんらん》の世をつくっていきたいものです。

一三七「言葉一つ」

伊豆七条《いずしちじょう》村（現・大和郡山《やまとこおりやま》市伊豆七条町）の桝井《ますい》伊三郎《いさぶろう》さんは、明治九年にお屋敷で、同じ伊豆七条村の西尾《にしお》ナラギクさんと結婚式を挙げ、教祖はナラギクさんの名を「おさめ」と改められました。

伊三郎さんとおさめさん夫婦には、次のような逸話もあります。

明治十六年夏、大和一帯は大旱魃《かんばつ》に見舞われました。村人が昼夜兼行で野井戸の水かいをしていると聞き、お屋敷から村へ戻る伊三郎さんに、教祖は「上から雨が降らいでも、理さえあるならば、下からでも水気《すいき》を上げてやろう」とお言葉を下さいました。伊三郎さんは、おさめさんと共に夜遅くまで水かいをしましたが、わが田へは一滴も水を入れず、人さんの田ばかりに入れていました。すると、教祖のお言葉通り、数日後には、わが田一面に地中から水気が浮き上がっていたということです（一二二「理さえあるならば」参照）。

フラフを立てて来るで

――子供の帰りを喜ばれる教祖

教祖は遠方から帰ってくる子供の疲れもお引き受けくださいます。

明治十七年一月二十一日、
諸井国三郎《もろいくにさぶろう》さんは、
三回目のおぢば帰りのために、
十名の同行者と共に遠州《えんしゅう》を出発しました。
翌日、豊橋《とよはし》に着き、伊勢《いせ》へ向かう船の
出立《しゅったつ》を待つ間、町中を歩いていると、
一軒の提灯屋《ちょうちん》が目につきました。
そこで思いついて、大幅の天竺木綿《＊てんじくもめん》を
四尺（約一・二メートル）ほど買い求め、
提灯屋に頼んで旗を作らせました。
その旗は、白地の中央に日の丸を描き、
中に「天理王講社」と大きく墨書し、
その左下に小さく
「遠江真明組《とおとうみしんめいぐみ》」と書いたものでした。

＊天竺木綿……やや地厚な平織の綿織物の一種。

一行は、この旗を先頭に立てて伊勢湾を渡り、
泊まりを重ねて二十六日に丹波市《たんばいち》に着きました。
そして翌二十七日朝、
六台の人力車を連ねて
お屋敷へ向かいました。
その先頭には、
旗を立てた国三郎さんが
乗っていました。

お屋敷の表門近くには
巡査が見張りに立っていて、
いろいろ尋問されましたが、
明瞭に返答をして、住所姓名を
控えられただけで済みました。

お屋敷では、教祖《おやさま》が数日前から、
「ああ、だるいだるい。
遠方から子供が来るで。
ああ、見える、見える。
フラフ（旗）を立てて来るで」
と仰せになっていました。
お側《そば》の人々は、何のことかと
思っていましたが、
この旗を見て、
なるほど、教祖には、
前からこの旗が
見えていたのであるなあ、
と感じ入りました。
（一三九「フラフを立てて」から）

*ねまる……筋肉が張って、だるくなること。

教祖は時々、
「足がねまる*」とか「しんどい」とか、
仰せになることがありました。
そんな日は必ず、誰彼が
意気揚々とお屋敷へ帰ってきて、
「ああ、結構や。少しも疲れずに
帰らせていただいた」と、
喜びの言葉を口にするのでした。
（一六二「親が代わりに」から）

国三郎さんたちの道中の様子も、
教祖はお屋敷でご覧になり、
その姿を喜ばれながら、身代わりとなって
お疲れくださっていたのでしょう。

一三九「フラフを立てて」

明治十六年二月、遠江国広岡《とおとうみのくにひろおか》村（現・静岡県袋井《ふくろい》市広岡）の諸井国《もろいくに》三郎《さぶろう》さんの二歳になる娘が、喉気《のどけ》の患いで危篤《きとく》状態に陥《おちい》りました。妻のそのさんは、前年に諸井家に住み込みで働いていた青年が話していた、「天理王命《てんりおうのみこと》」という神様のことを思い出し、その神様におすがりするよう国三郎さんに懇願しました。そして、夫婦で一心不乱に祈りを捧《ささ》げると、三日後には鮮やかにご守護を頂きました。

この後、国三郎さんはお礼参りに旅立ち、六日かかってお屋敷に到着し、初めて教祖にお目にかかりました。そのとき教祖は、国三郎さんと力比べをなされ、「それきり、力は出ないのかえ。神の方《ほう》には倍の力や」とお言葉を下されました（一一八「神の方には」参照）。

国元へ戻った国三郎さんは、すぐに講社を結成し、熱心におたすけをして回りました。この逸話は、その翌年のお話です。

結構と思うてすれば…

——辛いことや嫌なことも喜んで

結構と思うか不足に思うかで
天に届く理が変わります。

教祖《おやさま》は八十歳を過ぎてから、たびたび
警察からの拘引を受けられました。
しかも、罪科《つみとが》あってのことではなく、
教祖を生き神様と慕い寄る人々が
増えるにつれて、世間の無理解から
起こる反対・攻撃が激しくなり、
政府や警察の取り締まりも
厳しくなっていったのです。

明治十七年三月のこと。
教祖は十二日間の拘留を申し渡され、
奈良監獄所へ御苦労くださいました。
お側《そば》に仕える鴻田忠三郎《こうだちゅうざぶろう》さんも
十日間、入牢拘禁《にゅうろうこうきん》されました。

奈良監獄所

その間、忠三郎さんは獄吏《ごくり》から
便所掃除を命じられました。
掃除を終えて御前《おんまえ》に戻ると、
教祖は、
「こんな所へ連れて来て、
便所のようなむさい所の
掃除をさされて、
あんたは、どう思うたかえ」
とお尋ねになられたので、
「何をさせていただいても、
神様の御用向きを
勤めさせていただくと思えば、
実に結構でございます」
と申し上げました。

すると教祖は、
「そうそう、
どんな辛《つら》い事や嫌《いや》な事でも、
結構と思うてすれば、
天に届く理、
神様受け取り下さる理は、
結構に変えて下さる。
なれども、えらい仕事、
しんどい仕事を何《な》んぼしても、
ああ辛いなあ、ああ嫌やなあ、
と、不足々々でしては、
天に届く理は不足になるのやで」
とお諭しくださいました。

（一四四「天に届く理」から）

人から言われて、仕方なく
何かをした経験はありませんか？
そんなとき、喜んでするのと、
いやいやながらするのとでは、
結果は大きく違ってくるものです。
とはいえ、辛いことや嫌なことは、
なかなか喜べるものではありません。
「なんで私が……」と愚痴《ぐち》を
こぼしそうになったときは、
このお話を思い出してください。
そして、「結構と思ってすれば、
神様は結構にお受け取りくださる」
と思い直して、
一生懸命に取り組みたいものです。

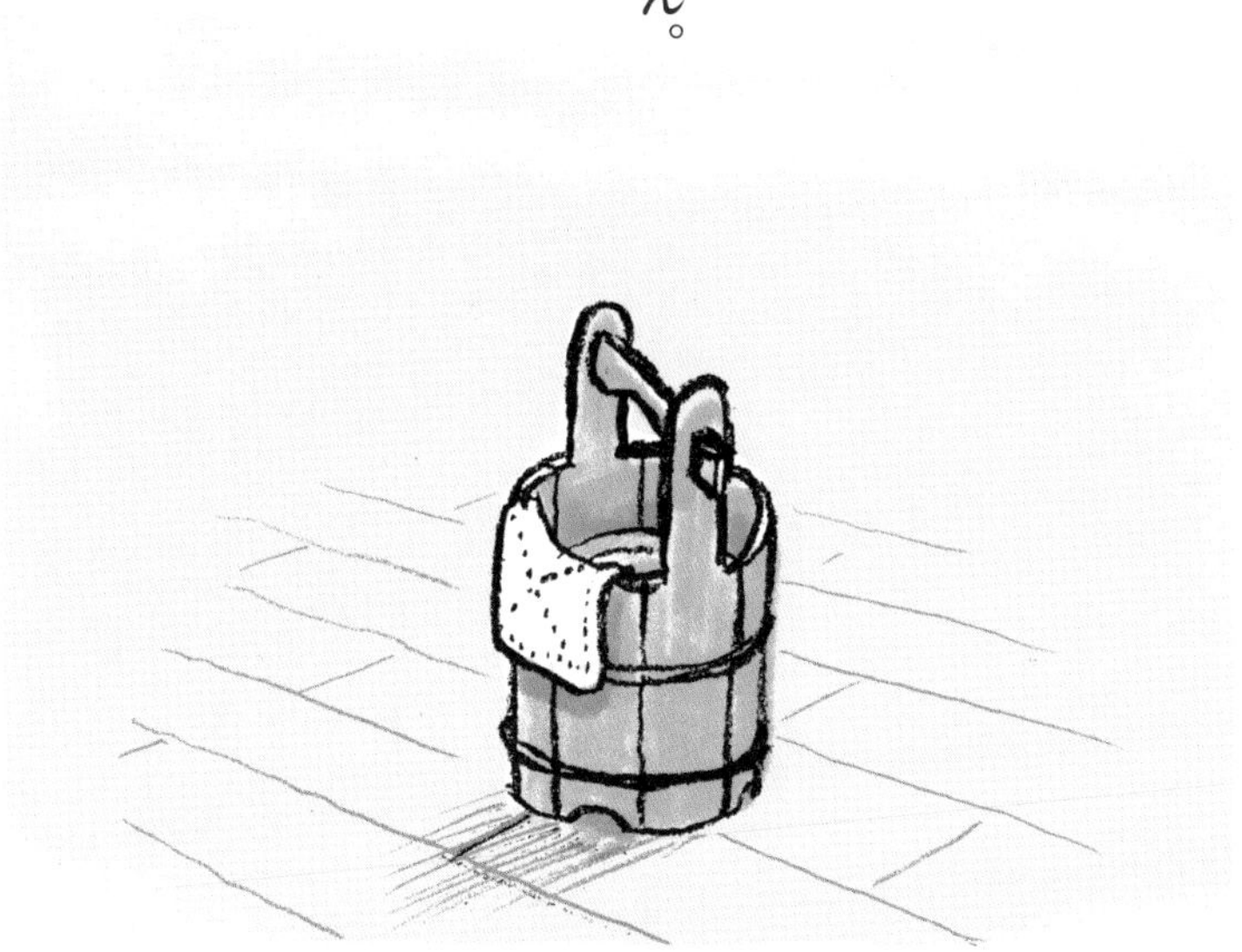

一四四「天に届く理」

北檜垣村《きたひがい》（現・天理市檜垣町）の鴻田忠三郎《こうだちゅうざぶろう》さんは明治十四年、新潟県勧農場（のちの新潟県農学校）に指導者として招聘《しょうへい》されました。その年の暮れ、休暇をもらって帰国してみると、次女が失明の危機に瀕《ひん》していました。その眼病を、お屋敷に七日間滞在してすっきりおたすけいただき、忠三郎さんは信心の決心を固めました。

新潟県へ辞職願を出したところ、許可はなく、帰任せよとのこと。困り果てて教祖にお伺いすると、「道の二百里も橋かけてある。その方一人より渡る者なし」との仰せでした。このお言葉に感激した忠三郎さんは、決意も新たに新潟へ戻り、勧農場での仕事の合間に、人だすけに奔走したのでした（九五「道の二百里も」参照）。

明治十六年一月、忠三郎さんは大和《やまと》に戻り、その後は、お屋敷の御用に専心することとなります。この逸話は、その翌年のお話です。

この道は、知恵学問の道やない

——本当に尊い生き方とは

人に笑われ謗《そし》られながらも
欲を忘れて御用に勤しむ姿。

河内国《かわちのくに》教興寺《きょうこうじ》村の松村《まつむら》吉太郎《きちたろう》さんは、
幼いころは信仰熱心な両親に連れられ、
たびたびお屋敷へ帰っていましたが、
長ずるにつれ、生来の利発で
理屈っぽい性格から、
自分の知識や理性で判断して
不合理と思える信仰に、
背を向けるようになりました。
ところが明治十九年、
二十歳の春に肋膜炎《ろくまくえん》を患い、
病が悪化して万策尽きたとき、
村内の講社の人から諭され、
本気で信仰する心を定めて
おたすけを願い、ご守護を頂きました。

以来、吉太郎さんは
熱心に信仰するようになり、
村役場に勤めながら、
土曜日の午後にお屋敷へ帰り、
月曜日の未明に河内に戻るのが
常となりました。

そんな明治十九年夏のこと。
多少、学問の素養などもあった
吉太郎さんの目には、
お屋敷に寄り集う人々の中に
見受けられる無学さや、あまりにも
粗野《そや》な振る舞いなどが異様に思われ、
軽侮の念すら感じていました。

あるとき、教祖《おやさま》にお目通りすると、
「この道は、
知恵学問の道やない。
来る者に来《き》なと言わん。
来《こ》ぬ者に、無理に
来いと言わんのや」
と仰せになりました。
このお言葉を承《うけたまわ》って、
吉太郎さんは自分が
高慢であったことを
心の底からさんげし、
ぢばの理の尊さに
深く感銘したのでした。

（一九〇「この道は」から）

教祖は、人間の親なる神様のお心そのままに、
子供であるすべての人がたすかる道を
お教えくださいました。
当時、お屋敷に詰めていたのは、
主に近在の農家の人たちでしたが、
教祖にたすけられたご恩を忘れず、
人に笑われ誹《そし》られながらも、欲を忘れて
御用に勤《いそ》しんでいました。吉太郎さんは、
自分が軽侮していたこの人たちの姿こそが、
本当に尊い生き方だと気づいたのでしょう。
お屋敷にある「ぢば」は、人間創造の
元なる地点であり、人類の故郷《ふるさと》です。
教祖は、いまも親里ぢばで
子供の帰りをお待ちくださっています。

一九〇「この道は」

河内国教興寺《かわちのくにきょうこうじ》村（現・大阪府八《や》尾《お》市教興寺）の松村《まつむら》家の信仰は、明治四年、吉太郎《きちたろう》さんの母・さくさんの病気を、教祖におたすけいただいたことに始まります（二三「たちやまいのおたすけ」参照）。さくさんは、教祖の長男である秀司《しゅうじ》様の妻・まつゑ様の姉に当たります。明治十五年にさくさんが、痛風症（現在のリウマチ）を患った際には、教祖は「私が見舞いに行こう」と仰せになり、三日間、松村家に滞在され、さくさんを手厚くお世話くだされています（一〇二「私が見舞いに」参照）。

吉太郎さんは、この逸話の後、明治二十一年に役場を辞職し、教会本部設置出願のために東京まで出向かれた中山眞之亮《なかやましんのすけ》・初代真柱《しんばしら》様に随行しました。三十二年に始まった一派独立運動にも、初代真柱様とともに奔走し、四十一年の独立認可まで、中心となって役目を果たしました。

続《ぞく》 おやさまの情景《じょうけい》

立教186年(2023年) 2月1日　初版第1刷発行

編　者　天理教道友社

発行所　天理教道友社
〒632-8686　奈良県天理市三島町1番地1
電話　0743(62)5388
振替　00900-7-10367

印刷所　株式会社天理時報社
〒632-0083　奈良県天理市稲葉町80

ISBN978-4-8073-0657-2
定価はカバーに表示